JN418007

새 아침이 오기에

새 아침이 오기에

강영석 시집

月刊文學 출판부

즐기는 삶

태어날 때부터 머리가 영특한 천재일지라도 노력하는 자에게는 도저히 이길 수 없으며, 아무리 노력하는 자일지라도 즐기는 자에게는 이길 수 없다는 사실이다.

이 즐거움을 누가 주는가. 평생을 같이하는 가족이, 오늘까지 길러 주신 부모님인가? 형제, 친구 그 누구도 아니다. 나의 즐거움은 내 자신이 스스로 즐거움으로 느끼게 관리하는 생활습관이다.

모든 일을 긍정적인 사고로 수용하며 공감하며 배려하는 사랑하는 마음자세로 일하는 즐거움으로 생활하는 태도다. 내 자신을 즐기는 유일한 방법은 자기를 어떻게 관리하느냐다. 자기관리야말로 유일한 기술이다.

남달리 건강치 못한 내 자신을 하나하나 장기마저 검사하며 치료하며 예방을 배워 꾸준히 노력하는 방법으로 건강관리에 갖은 노력을 다한다.

더불어 지혜와 지식을 실천하는 실행주의자가 오늘의 나를 관리하는 일부며, 더 소중한 것은 겸손함이다. 사실은 나보다 못한 사람이 아무도 없다. 우리는 혼자 사는 것이 아님을 더불어 사는 것을 잊어서는 안 됨을, 아내가 있으니, 자식이 있으니, 친구가 있으니, 고객이 있으니 내가 존재한다는 사실이다.

소중한 진리를 잊지 않고 베푸는 자세를 습관화하는 유일한 자세가 삶을 즐기는 것이라는 생각을 이 책을 통하여 전달하고자 한다.

차례

책머리에 004

제1부

내가 나에게 주는 선물 012
자연과 나 013
마음의 들꽃 014
열정 015
내일을 위한 오늘의 땀 016
내 모습 017
자식사랑과 교육 018
나한테 진실하고 싶다 019
나의 욕심 020
나의 영원한 보석 021
꿈을 꾸고 있는 나 022
밝은 미소가 필요한 나 023
기적 속에 살고 있다 024
마음가짐 025
나는 바보랍니다 026
다시 일어섰다 027
사람답게 살고 싶어라 028
마음 속에 행복을 029

제2부

지팡이도 버리고 싶다 032
습관된 시간관리 033
지금부터다 034
꿈을 꾸자 035
인연을 소중히 036
긴 여행 037
행복하고 싶다 038
친밀함 039
나는 행운아 040
나의 방향은 옳은지 041
꿈의 목적지 042
고난을 이겨 내니 043
위기를 기회로 044
멀티 가족 045
가치 있는 삶이 되길 046
나에게 행복이 047
나눔을 바람으로 048
정 049
내일을 위해 살자 050
뒤늦은 배려 051
시대에 맞는 삶 052

제3부

나를 사랑하련다 054
같이 걷는 우리 055
나의 멘토이시여 056
당신은 누구시나요 057
내 탓인 걸 060
백세시대의 욕심 061
진정한 부부의 의미 062
나의 벗이자 짝꿍 063
값진 사랑 064
꿈 속의 사랑 066
사랑합니다 067
따뜻한 사랑을 하고 싶다 068
진실한 사랑 069
뒤늦게 느낀 참된 사랑 070
사랑하련다 071
사랑 072
나를 사랑한다 073
사랑의 마력 074
잊지 못할 그대 075
당신에게서 향기가 076
보석 077
고향 친구의 은덕 078
인연을 소중히 079

따뜻한 손길 080
사랑하는 당신 081
고마운 아내 082
용서해 주소서 083
선물이고 싶은 사람 084

제4부

생명을 이어 주는 빛 086
잠재능력으로 발휘하는 열정 087
교훈을 찾는 마음 088
어려움을 즐기는 삶 089
각본 없는 배우 090
기억되는 사람 091
예수님의 피를 먹는다 092
시신 기증 094
흐르니 아름다워라 096
넘어지면 또 일어서자 098
손을 내밀어 099
포근한 안식처 100
감사한 고통 102
구겨진 몸 103
하얀 백사장에 하트 104
넉넉한 나들이 106
꿈을 품은 자에게 행운이 107

새로운 도전 108
도전의 이유 109
아름다운 우정 110
지고 가야 할 길 111
예술성 112
친절이 주는 감동 113
향기가 넘치는 아름다운 사람 114
두려움을 이기는 삶 116
고향 117
늘 행복한 사람 118
다시 눈을 뜨게 한 친구 119
꽃은 웃는다 120
삶의 쉼표 121
삶의 보람을 위하여 122
내 인생의 절정 123

| 해설 | '나'에 대한 일상의 사랑과 열정 · 조병무 125

제1부

내가 나에게 주는 선물

오늘 따라
내 자신의
위대함
아름다움들

그 큰 아픔들
상상 못하는 고통들
19번의 전신마취 대수술들
잘 참고 지내지 않았느냐

진정 자랑스럽다
고맙다
내가 내게 주는 선물
고마움

내가 나를 만들고
내가 나를 잘 알며
가꾸고 있으니
감사하다.

자연의 나

숲 속에 들어서면
그냥 좋아집니다
흙 위에 서면
신기하고 상쾌한 냄새
얼굴이 햇볕에 탄들
흐르는 땀이 상쾌하니

잠시 왔다가
자연으로 돌아가면
나도 한 그루의
나무 풀꽃 잎이
될 수 있을는지
그들은 나의 일부였기에.

마음의 들꽃

환하게
웃는 꽃이 아니어도
회색빛 도시가 아닌
깔끔하게
정리되어 있는
인도 블록이 아닌
산길에서 만나는
모든 것들
나의 마음을
흔들기엔 충분하다
마음은 들꽃 풀꽃처럼
살고 싶지만
따르지 않는 이 현실
때론 억압감을
감출 수가 없나이다.

열정

참으로 행복한 시간들
때로는
나도 누군가에게
뜨거운 사람이고 싶습니다

이제
내 일생의 어느 한 부분으로
스러질지라도
영원히 살 수 없다면

차라리
불꽃처럼
살다 가고 싶습니다

나!
살아 있음을
느끼고 싶은 까닭에.

내일을 위한 오늘의 땀

온몸을
땀으로 목욕하며
산을 오르다가
잠시
숨 한숨 크게 쉬며
오는 길 뒤돌아볼 때

내 자신
스스로 대견해진다

힘겨운
우리들의 삶
잠깐 거친 숨 조절하며
저 자신을 뒤돌아보는
오늘이기를 바란다.

내 모습

이해심 많은
따듯한
아내의 사랑

언제나
넘치도록
받으면서도

담을 줄 모르는
내 모습
부끄러움을 느낀다.

자식사랑과 교육

가정은 부부 중심이며
부부 안에서 갈등을 풀며
자녀 때문에 갈등을 절제한다면
결국은 곪습니다

항상 부부중심이어야
지나치게 자녀 중심이기에
한국사회의 문제들이 발생하니,

젊은 부부 여러분이시여!
자녀를 풍성히 사랑하시되
부부 중심으로 살아나가며
엄마아빠로만 살아나가야 합니다

서로 사랑하는 부부로
남녀로 존재하는 것을
자녀에게 보여 주는 일이
진정 좋은 교육이 되리라 믿습니다.

나한테 진실하고 싶다

나는 나지만
나는 내가 아니다
이미 나는
나의 주인이 있다

내 자신을 받아들이고
나한테 진실해지고
나 자신을 사랑하는 것은
먼저
자신의 실수와 허물을
인정하고 고치려 하는

자신에 대한
깊은 성찰과 반성
그리고
실천을 조용히 다짐한다.

나의 욕심

바람이 차가워졌다
겨울이 문턱에 왔나 보다
맘에 쌓였던 실수와 증오
찬바람에 모두 날려 보내고

따뜻한 가슴으로
나를 만들어야 하는구나

나를 용서하고
다시
태어난 기쁨으로
좋은 기운을 받아들인다

나를 사랑하고 다듬어
사랑 주고
사랑받는 내가 되고 싶다
자신을 용서할 줄 아는…….

나의 영원한 보석

그 오랜 세월
변함없는 아름다움
언제나 같은 마음
내 곁을 지켜 준
바로 당신이
나의 영원한 보석,

세상의
온갖 유혹에도
아픈 상처를 만지며
못 들은 척
옆도 보지 않으며
나를 지켜 준 당신

그대의
아름다운 보석이 되어
이 가슴
언제나 지켜 주고 싶은
당신!
그대를 사랑합니다.

꿈을 꾸고 있는 나

마음의 문이 허술하면
상처가 지배자가 되고
결국 점령당하는구나

누구나 자신이 걸어 놓은
마의 사슬에 얽매여
늘 후회와 아픔으로
낭비하는 시간에 젖으니

이제 상처를 다스리고
마음과 몸을 내 편으로
방법과 기술을 스스로
점검하고 나와 소통함으로

밝은 내일을 열 수 있도록
꿈과 희망을 잃지 않으련다.

밝은 미소가 필요한 나

행복을 연출하는 것도
불행에 접어드는 것도
모두 자신의 영역이다

좋은 일
좋은 생각을 늘 가지니
어느 새 내 삶 행복 가까이

건강은 건강할 때 지키며
예방만이 건강한 삶으로

과로,
스트레스,
마음고생

모두 떨치고
오늘도 행복한 일들로
긍정적으로 많이 웃어 본다.

기적 속에 살고 있다

성공하는 기분을 느끼자
놀랍도록 의욕이 넘친다

작은 일이지만
매일 매일 이루는 성취욕

계속할 수 있는
의욕이 넘칠 때

힘이 저절로
샘솟듯 솟으리라

매일 기적 속에 살고 있다
그 기적을 소중히 여겨라
기적을 사랑해라.

마음가짐

마음의 여유는
나 자신에게 있다
만족해야 한다
눈을 크게 뜨면
자그마한 것에도
많은 것을 느낀다

시간이 흐르면
결정체는 분명하다
마음으로 모든 것
글로 되는 것도 아니고
공식으로 되는 것도
아니다

자신을 비우지 못할 때
나의 교만으로 인해
우울해진다는 것을 안다
자신을 낮추고
모든 이에게
사랑으로 다가가련다.

나는 바보랍니다

서서 가나
앉아 가나
같은 곳을 향하는 곳
일등 하나
꼴찌 하나
힘겹기는 마찬가지

태어날 때부터 오늘까지
아픔도 모르고 이번 수술이
19번 전신마취를 즐기는 바보
바람 소리 물 소리 못 듣는 척
꽃 피고 잎 지는 것마저
못 보는 장님처럼

세월이 혼자에게만
해당되는 줄로 아는
나는 진정 바보랍니다.

다시 일어섰다

잠깐 넘어졌다고
끝나는 것이 아니다
또다시 일어서련다

새로운 인생의 시작이다
지금까지 네 앞에서
숱하게 넘어졌었다

난 다시 일어날 것이며
일어났지 않았느냐
진드기가 아니라 오뚝이로

일순간의 호기심이나
유희가 아니라
영원히 간직할 사랑으로…….

사람답게 살고 싶어라

인간관계에 소중한 겸손
물질적으로 베풀면서도
겸손한 자세가 아니라면
받는 사람은 받으면서도
상처를 받게 되지요

진실로 겸손하기위해선
조용히 나를 뒤돌아보는
시간이 필요하겠지요
자신을 반성해 가며 계속
자신을 닦아야 하겠지요

이렇게 공존하면서
이웃의 거울을 통해서
자신을 닦고 또 닦으며
맑은 마음으로 시간시간
더불어 살고 싶습니다.

마음 속에 행복을

내 마음에서부터
말과 행동이 오듯이
나약한 존재이지만

서로 이해해 주며
배려해 주며
사랑해 주는
미덕을 그리는 자
그런 사람이 되고파

멋있는 단풍으로
내 가슴에 차곡차곡
마음 속에 행복을

자연의 신비로움
그것들이 사랑이었고
행복이었다.

제2부

지팡이도 버리고 싶다

휠체어가 목발로
목발이 지팡이로
꿈을 향해 걷는 길

하나하나 희망이 커 간다

꿈이 이루어지고 있다
맑은 공기
깨끗한 얼굴
순수하게
고귀하게
혼자 설 수 있는
나의 보행

행운이 같이하는구나
아픔이 점점 줄어든다
몸도 마음도 젊어진다
복이 오도다.

습관된 시간관리

시간 약속을
지키지 않는 사람과는
함께
일하지 마라는 말이 있다

약속시간 5분 전에
기다리는 자의 여유
승리의 여신이
나의 편에 서 준다

생각이 행동을 바꾸고
행동이 습관을 바꾸며
습관이
나의 운명을 바꾼다

습관화된 시간관리가
행복한 삶으로
여유 있는 삶으로
즐거움이 만끽하길.

지금부터다

저 넓은 바다가
빈 가슴을 가득 채운다
다행스럽다

아무 생각이 없다
텅 빈 가슴인 것을
이제서야

그저 앞만 보고
걷기도 뛰기도 한 나
앞으로도 해야 할 일

난 행운아다
할 일이 끊임없으니
가득 채운 가슴으로…….

꿈을 꾸자

아름다움도
자라나듯이
꿈도 자라난다

마음껏 웃으며
마음껏 사랑하며
마음껏 기쁨을
만끽하며

마음껏 꿈꾸련다.

인연을 소중히

살아가면서
생기는 크고 작은
만남들 모두
인연이 아닌가

그것이
쌓이고 쌓이면
운명이 되겠지

내 삶의
길목에서
만났던 소중한 사람들

늘 기억하고
더불어 살아가는 삶
연결의 끈을
이어가고 싶다.

긴 여행

삶 그 자체가
경험하는 여행이다
수많은 추억들

삶에서
아름다운 추억
그 맛을
그리며
느끼며
즐기는

세월이 흐른
자산은
추억뿐이리

충만해야
행복의 그 잣대
눈금이 되리라.

행복하고 싶다

자신이 하는 일에
재미를 느끼는 사람

열정을 불태우며
즐기는 사람이야말로
얼마나 자랑스러운가

환경에 흔들리지 않고
상황에 흔들리지 않고

지치지 않으며 즐기는 일
재미있고 싶은 나!
행복한 사람이고 싶다.

친밀함

만나면 만날수록
좋은 사람
함께하고 싶은
사람이 되고 싶다

형식적이고
인위적인 친밀함이 아닌
꾸밈없고
자연스러운
진심에서 우러나오는
친밀함을 더 많이
나누고 싶다

진정
함께하며 사랑하며
나누는 삶이 되기를
기대하면서…….

나는 행운아

촛불의 아름다움이
환하게 빛나는 건
어둠이 있기 때문이고

낮이 더욱 밝은 것은
밤이 있기 때문이다

내게 일어나는 모든 일
다 그만한 뜻이 있기에
만나는 모든 이들이
다 나의 스승이다

내 안의 기쁨과 희망
꿈을 꺼내 주고
격려해 주고
칭찬해 주고
귀히 여겨 주는 여러분이 있어
오늘의 내가 있고
또 전진하게 된다.

나의 방향은 옳은지

흘러가는 세월의 강줄기에
온몸을 맡기고 묻어 가는 삶
간혹은 그 강물에서 벗어나
강을 바라볼 줄 알아야 한다

어디로 흐르는 강인지
내가 생각했던 강이 맞는지
다른 강물은 어디로 흐르는지
혹시 자신과 같이 강물에서
잠시 벗어난 다른 사람은 없는지

강물을 바라보다가
다시 몸을 맡기는 순간,
더 큰 에너지를 얻어 이제는
강물에 몸을 던진다

스스로 헤엄쳐 나아갈 수 있게
긴 호흡 쉬며 다음을 준비하는
모든 분들에게 행운이 같이하길…….

꿈의 목적지

몸이 늙기보다는
마음이 먼저 노화되어
거침없이 추락하는
현상처럼

바라는 희망과
미래의 기대감이 없다면
생명이 없는 삶

어렵고 힘든 여정이라도
꿈 보따리를 안고 떠나니
어느 새
그 꿈의 목적지에 도착해 있는
신비함을 맛보는구나.

고난을 이겨 내니

오랜 고심 끝에
정한 그 길
비록 어렵고
힘이 든다 해도
승부를 거는 집념

프로근성이다
목숨이 다할 때까지
온갖 정성을 다 쏟아
최선을 다하니
그 열정에 만족하여라

몸이 아파 땀과 눈물이
앞을 가리는 그 어려움들
이 일을 못해낸다면
아무 일도 못하겠지
오로지
땀 흘리는 이 보람
행복하여라.

위기를 기회로

위기는 기회다
대처능력을 탁월하게
혼자서는 살 수 없는
세상이기에

누구에게나
특출하고 남다른
지식과 지혜가 있으니

조언을 잘 받아들이는
아량과 넉넉함
존중할 줄 아는
겸손이 필요하다

위기를 내 것으로
노력하는 마음
더 한층 보람 있는 삶으로.

멀티 가족

이방인에서
손님이 되고
그 고객이
멀티 가족으로
한 식구가 되기까지
많은 교감이 오고가야만
가족이란 구성이 되겠지요

가족
그 안에는
위대한 힘이
존재한다
오늘도 웃으면서
보금자리로 나선다

우리 가족 여러분
오늘도 즐겁고 행복이
여러분 가슴에
가득하기를 비나이다.

가치 있는 삶이 되길

풍요 속에 빈곤이
너무나 많기에
너무나 부족한
그래서
주어진 목숨이 몇 개쯤 된다고
여유 있게 살아가는 건 아닌지

이 세상
분명 우리에게 주어진
소중한 몫들이 있을진대
꿈꾸듯 오늘을 열어 보지만

하나뿐인 목숨인 걸
분명 고단하고
외로운 삶이긴 하지만
가치가 있는 삶이 되길.

나에게 행복이

내가 겪고 있는 이 고통이
희망으로 가는 터널이어라
슬픔과 외로움도 잠시
머금고 있는 새벽이슬처럼
해가 뜨니 사라지는구나

자신의 삶에
희망을 놓지 않는다면
동쪽 하늘에 해가 떠오르듯
아침은 다시 내게 찾아오리라

마음 속에서 어둠과 밝음이
교차할 때 큰 행복을 느끼니
삶에는 어떤 환경이든
꾸준한 인내로 행복을 가지련다.

나눔을 바람으로

나누는 자가 되길
베푸는 자가 되길
꿈꾸는 자가 되길

나누지 못하는 나
가슴이 쓰리는 나
마음이 아픕니다

주머니가 없는 수의
잘 알고 있는 나
마음껏 나눔을 바라며

작은 것도 나누고자
애쓰고 있는 나
의욕과 열정을 믿는다.

정

정……
서서히 아주 서서히
씨앗부터 시작된다

정성을 다하는 관심
기다림이 있을 때
자라기 시작한다

씨앗이 아무리 좋은들
억지로 키울 순 없다
기다림이 있을 때

줄기가 자라더니
이파리가 생기더니
익어 뽐내는 열매까지

내 마음도 정으로
꿈이 영글어 가고 있다.

내일을 위해 살자

열의를 지닌 사람은
행운이 찾아오기를
기다리지 않는다

근심걱정 없을 수가
있겠는가
걱정한다고 해결되는 건
아무것도 없다

새롭다, 하루가 새롭다
근심은 나의 병
매일 어두운 짐을
벗어 버리고 싶다

자유로운 자연으로
연한 초록빛 속으로
하얀 작은 새가 되어
작은 물방울이 되어
맑게 흐르고 싶다.

뒤늦은 배려

한땐 날 아프게 한
상대를 미워하면서
서운함을 표현하기도
하지만
상대를 미워한 만큼
내 마음은 몇십 배
더 괴로워짐을

너그러운 마음으로
한 발짝 물러서서
이해하며 사랑하는
마음으로 다가서니
이렇게 행복하도다

상대에게
서운함을 느끼기 전
내가 서운하게 한
행동과 말은 없었는지
조심스럽게 생각한다.

시대에 맞는 삶

장인정신으로
오래오랜 세월 동안
혼신의 노력을 기울여
완성되는 정성으로
하루가 다르게
변하는 이 시대
우리의 마음자세

겸손한 마음으로
자기경영에
온갖 노력을 쏟는다
지금 이 시간이 소중하며
내일을 위하여
경영전략에 혼을 쏟는
노력을 다짐한다.

제3부

나를 사랑하련다

나를 언제나
따스하게 보듬어 안고
내 마음과 상처를
헤아려 다독이고
진정으로 아끼고 사랑해야
다른 사람도 넉넉하게
품을 수 있는 것

청죽(靑竹)아!

너는 너만의 빛깔을 가진
완전한 존재란다
사랑한다
작아 보일 때도 있고
아파서 쩔쩔매는 통증
바닥을 헤매는 네 모양
수렁에 빠지기도 하지만
그 조각들이 모여
너를 풍성하게
만들어 가는 것을 아느냐
더욱 너를 사랑하련다.

같이 걷는 우리

벅찬 꿈만큼
삶의 향기와
발자취 속에서
교훈을 얻어
진정한 무한대의
사랑을 느낀다

함께할 수 있어
보다 더 큰
행복의 길에
아름다운 동행길
같이 걷는 우리

생각과 비전이
모여 이루어진
새로움의 탄생
그대 뜻을 모아
뒤따르는 것
여유요 변화다.

나의 멘토이시여

당신은
지금도 곁에서
내 방향 설정을 해 주는
나의 정신적 영웅입니다

성실한 삶
배려
믿음
용서
행복

스스로 깨우쳐
내 인생의 미래를
바라보게 한
새로운 눈마저
선물했습니다

그대는
내 인생의 멘토입니다.

당신은 누구시나요

당신은
연인이기도 하고
애인이기도 하고
그리움이기도 한
나의 아내 月順 씨!
당신은
누구시기에
아픔도 모르고
괴로움도 모르고
눈물을 보이지 않는
당신은
진정 누구시나이까!
비 온 뒤 맑은 하늘 같은
소박하고 순수한
아름다운 당신이여!
당신은
누구십니까?
너무 착해서 무거운 짐
혼자 다 짊어지십니까
가족을 위해 다 쏟는 정성

당신은
누구시나이까!
루프스 환자로서
자궁암 3기말 주위 장기에
이미 전위가 다 되었으니
당신은
수술이 불가능한 상태
힘들고 어려운 수술 후
항암주사, 방사선치료
견디기 힘든 상황이라오
당신은
병원 측 이야기대로
기적 중 기적이라오
그대는 인간이 아닌가요
어찌하여 이 인고를 참나이까?
당신은
앞을 볼 수 있으며
걸을 수 있다며
바로 일을 시작한 그대!
진정 그대는 누구신가요

당신은
천사임이 틀림없도다
부디 오래오래 사시길
먼저 떠나 그대오시는 길
불 밝혀 놓으리라.

내 탓인 걸

좀더
이해하고
참았더라면
간절히
후회하는 마음

모든 게
내 탓인 걸
그 동안 일찍
깨닫지 못한 걸
이제야 뉘우치며

너그러운
아내이기에
앞으로
더욱더 신뢰하면서
사랑을 베풀련다.

백세시대의 욕심

메마르고 거칠어진 삶
마음의 평화와 풍요로운 정신
이제 영혼을 위로받을 수 있는
행복의 원천
소중한 시간들이다

백년을 사는 시대
인간이 사랑을 느낄 때부터
백년이면 좋겠다
사랑을 알기 전
삶에 무슨 의미가 있었겠는가

이제 겨우 사랑을 알게 된 지
46년뿐이 안 되었다
54년은 더 살면서
값진 사랑을 나누어야 할 것이다
사랑을 몰랐던 삶은 제외되었으면.

진정한 부부의 의미

진정한 부부의 의미
자식 때문도 아닌
그 누구의 영향을 벗어나
오로지 부부 그 자체로서
사랑하고 존경하고 배려하며
이해하는 것이 아닐는지

곪은 상처를 도려내지 않으면
더 깊은 상처가 되어 썩고 썩어
전체를 떼어내어야 할 상태
과감히 도려내어야 한다
내 속에 사랑할 새싹이 돋게

이렇게 건강한 새싹이 자랄 때
비로소
아이들도 건강한 부모를 보고
건강한 사랑을 배울 수 있으리.

나의 벗이자 짝꿍

가을 하늘 만큼이나
나를 사랑해 주는
이가 있어
행복합니다

하루를 못 보면
그만큼이나 간절해지는
소중한 이가 있어
행복합니다

며칠을 아니
몇 시간을 참지 못하고
찾게 되는 이가 있어
더욱 행복합니다

있는 그대로를 바라보고
있는 그대로를 믿어 주고
있는 그대로를 아껴 주는
그는 나의 소중한 벗입니다.

값진 사랑

보이는 사랑만
사랑인 줄 아느냐
흐르는 눈물처럼
나타나는 감정만
사랑인 줄 아느냐

가슴에 담아 놓은
사랑은 더욱 값진
사랑이다

세상에 사랑보다
아름다운 마음의
꽃은 없더이다

다음 나날들은
그대님 가슴에도
항상 해맑은
웃음꽃이 피어나고

그대 가슴에

담아 놓은 마음에도
사랑꽃이
만발하길 바라며.

꿈 속의 사랑

꿈은 나에게
기쁨이고 희망이다
지금 나의 현실은
너무 어둡지만
내게는 꿈이 있어
즐겁습니다

사랑하는 사람을
만날 수 없어도
함께할 수 없어도

꿈 속에서는
그 사람이 언제나
함께하니까요
꿈 속에 그이를
사랑합니다.

사랑합니다

사랑합니다
당신을 사랑합니다
이 세상 살아가는 동안
당신을 사랑하며 살아가렵니다

짧은 인생
당신을 사랑하는 일이
내 삶의 우선입니다

당신을 향한 나의 사랑
이 생명 다하는 날까지

부족한 나이지만
그저 옆에서 서로 아껴 주며
허물없는 친구가 되어

아주 먼 훗날 다시 태어난다면
다시 만나 연습을 잘 살려
더없는 행복을 누리기를.

따뜻한 사랑을 하고 싶다

표현하지도 못한 사랑
못내 아쉬울 때도
많았던 세월

사랑도 기회가 있을 때
함께 공유해 나갈 때
더더욱 아름다울 테니

오늘도
보이지 않는 사람이든
옆에서 느껴지는 사람이든

사랑하고 있다고
그리워하고 있다고
보고파 하고 있다고

따뜻한 마음을
나눌 수 있는 사람
그런 사람을 만나고 싶다.

진실한 사랑

아름답고 고귀한 사랑
허점이 보인다고 한들
예쁜 꽃송이를 꽂으니
아픈 허물을 감싸 주며
우울함보다 밝은 미소

희망과 용기와
편안한 마음이 들도록
그 허물을 감싸 주는 일
따스한 손길의 그 향기
포근한 손길과 배려가
깃든 사랑이 진실이다

순수한 사랑
눈꽃처럼 순박한 꽃이
내 가슴에서 새하얗게
펄펄 날려 보내리.

뒤늦게 느낀 참된 사랑

내 몸이 아플 때는
온갖 노력을 다하면서
사랑하는 사람이 아플 때
얼마나 관심 가졌는가

내가 필요한 것을
얻기 위해 최선을 다하면서
그이의 필요를 채우기 위해
무엇을 얼마나 했는가

나는 상전에 있으면서
사랑하는 사람을 내려다보는
어리석음은 없었는가

변함없이 따뜻한 품에 안겨
천사보다 더 편한 얼굴로 잠든
사랑하는 사람의 얼굴을
본 기억이 있는가
늦게 깨달은 부부의 사랑
이제라도 늦지 않다고 생각하자.

사랑하련다

나의 삶
가장 소중한 건
내 자신을 아낌없이
사랑하는 마음이길

자신을 사랑하지 않는 이가
남을 어찌 사랑할 수 있으랴
낭떠러지 끝에 매달려도
자신을 진정 사랑한다면
스스로 버려지지 않는 법

마지막 순간까지
후회하지 않는 삶

하루 하루
시간 시간 귀한 보석처럼
나의 모든 것을 사랑하렵니다.

사랑

서로 다른 뿌리에서 자라나
자신들의 줄기 혹은 가지가 붙어
마치 한 몸처럼 자라나는 나무

두 나무는 이제 한 몸이니
상대의 몸도 내 몸과 같이 챙기고
상대의 마음도 내 마음과 같이
살펴야겠지요

사랑과 존경이 함께하는
하루하루에는 감동이 일어나고
그 감동 속에서 건강과 행복이
피어남을 믿습니다.

나를 사랑한다

자신을
사랑할 줄 아는 사람은
자신에게 좋은 것을
공급하는 사람이다

말로는 자신을 사랑한다면서
자신에 희망을 주지 못하고
절망 속에 술과 담배와
쾌락에 빠져 패망의 나락으로
빠져 가는 안타까움

이제는 모두 털어 버리고
괜찮은 인간 본연의 모습으로
힘차게 전환할 때라 생각한다

나를 사랑한다
나를 존경한다
나는 나를 믿는다.

사랑의 마력

누군가를
사랑한다는 것은
내 안에 또다른 우주를
품어 보는 일일 게다

그것이
어찌 즐겁기만 하겠는가
사랑 말고 그 무엇이
가능하게 하겠는가

다시 태어나도 사랑에
목숨 거는 삶을 살아가리라
사랑만큼 가슴을 뛰게 하고
움직이게 하는 일 없었기에

사랑하는 자 행복하기를
사랑 안 하는 자 유죄이니
오늘도 나와 너와 모두
사랑하기를.

잊지 못할 그대

사랑하는
그대
난 많은 걸
기억하고 싶으오

당신을
사랑했던
마음
오래오래

당신도
날
기억해 줄 것임을
그대여!

진정
사랑했었습니다
부디
행복하길 비나이다.

당신에게서 향기가

난에서 풍기는 향처럼
당신에게서
아름다운 향기가 나네요

우리의 삶도
따뜻한 마음의 향기가
솔~ 솔~
오고 가기를 원합니다

삶에서
활짝 피어나는
정감 있는
아름다운 향기를
느낄 수 있으면

참으로
아름다운 향기를
풍기게 하는 따뜻한 사람
사랑합니다.

보석

이 방향으론
보라색
어쩌다 보면
분홍색

자랑을 내품는 저 빛
주위를 휘어잡는다
화려한 빛
보석이다

그 자체가 아름다운들
보석을 소중히 여기고
아끼는 마음이
아름답도다

내 자신은 보석이다
더욱
아끼고 싶어라
사랑하고 싶구나.

고향 친구의 은덕

나를 감싸 주며
지켜 주는 고마운 친구
그러면서도 고맙다는
말 한 마디 못하고
당연한 것처럼 어리석음

새삼스럽게 깨닫게 하는구나

지금까지 살아 있도록 도와 준
아름답고 따스한 고향 친구들
더욱더 우정을 사랑하며
소중히 여기는 귀한 친구시여!

정겨운 고향의 흙냄새 맡으며
잘 지켜 주고 있는 친구의 은덕들
부족한 나 남은 생애 더욱 값지게
사랑하는 삶이 되도록 노력하련다.

인연을 소중히

살아가면서
생기는 크고 작은
만남들 모두
인연이 아닌가

그것이
쌓이고 쌓이면
운명이 되겠지

내 삶의
길목에서
만났던 소중한 사람들

늘 기억하고
더불어 살아가는 삶
연결의 끈을
이어가고 싶다.

따뜻한 손길

목마른 사람에게는 물 한 모금
배고픈 사람에게는 빵 한 조각
외로운 사람에게는 환한 미소를

비록 작은 것이지만
절실히 필요로 하는 사람에게는
그 어떤 것보다 큰 것일 것이다

내가 무심코 던져 준 한 마디가
어떤 사람에겐 큰 희망과 용기를
줄 수 있는 한 마디일 수 있음에

오늘도 말 한 마디 내 표정 하나
조심스럽게 하게 되는 작은 손길
마음을 치료할 수 있는 씨앗으로
절망을 희망으로 전환하는 손길
내가 먼저 뻗어 본다.

사랑하는 당신

내 마음
아직 잘 모르겠지만
당신이
많이 보고 싶습니다

달려가고 싶어서
당신 곁으로
이름도 불러 보고
껴안아 주고 싶습니다

당신을 보면
한없이 울 것 같습니다
긴 기다림에 지쳐
너무나 사랑하기에

오늘도
이렇게
아픈 가슴 움켜쥐고
그리워합니다.

고마운 아내

이 세상에서
가장 복 받은 자
그는 바로 나다
사랑하는 아내
50여 년 동안
입다툼 없이
옆에서 지켜보아도
그보다 더 성실할 수 없는
생각을 떨칠 수 없는 사람

부족한 나에게
당신 같은 천사가
나의 아내라니
다이아 보석이 단단한들
더 견고하고
성실한 필연으로
평생지기로 만났는지
진정
나는 행운아다.

용서해 주소서

교만은 아니었습니다
사랑하는 마음에
정말 사랑하는 마음에

지금 생각하니
내 사랑 표현법이
너무 이기적이었으며
내 자존심만 지키자고
그 사람 자존심은
밟아 버리고
진정한 사랑 한 번
베풀지 못했으니

오늘은
그에게 정말 따뜻한
사랑을 주렵니다
사랑합니다
당신 마음 아프게 한
나를 용서해 주시길.

선물이고 싶은 사람

사랑할 줄 아는 사람
감사할 줄 아는 사람
선물이 될 수 있는 사람
여러분이 부럽습니다

아픔을 딛고
아픔을 승화시킨 당신은
사랑을 알며 감사를 아는
진정한 우리의 선물입니다

선물이 되기 전
아픔으로 지내야 할
그 아름다운 선택들
사랑이 몹시 부럽습니다

저도
지금은 힘들게 아프지만
선물이 되는 사람이 되고자
노력하렵니다.

제4부

생명을 이어 주는 빛

어떤 생명도
고립되어 있지 않다
고독이 생명체의
본질이듯이
원천적으로
다른 생명과 이어져 있는 것

이것 또한
생명 있는
모든 존재의 본질이다
사랑도
생명과 생명을 이어 주는
보이지 않는 빛이어라

썩지 않는 연줄이니
진정 아끼고
귀하게 여겨
사랑으로 품어라.

잠재능력으로 발휘하는 열정

인간은 칭찬을 받으며
살아가는 감정의 동물
칭찬으로 잠재능력을
발휘하고 열정을 더욱더
빛내는 것이라 생각한다

하나의 몸짓에 지나지 않던
꽃이 이름을 불러 줌으로써
의미 있는 꽃이 되었듯이
사람은 인정을 받아야
자라는 나무다

생각과 비전을
공유할 수 있고
함께 행할 수 있는 사람
서로의 꿈에
날개를 달고 싶다.

교훈을 찾는 마음

이 세상에서
하찮은 것은
아무것도 없어라

그 하찮음 속에
나름대로 의미를
가지고 태어났으니

그 속에서
교훈을 찾을 수 있는
눈이 필요하다

관심과 애정으로
찾는 교훈 속에서
내가 그곳에 있으니.

어려움을 즐기는 삶

살아가는 과정에서
어려움이 없다면
그것 또한 삶의
진정한 맛을 못 느끼니

원래 삶이란 뻥 뚫린
고속도로를 마음껏
달리는 것처럼이 아니다

산 넘고 물 건너면서
나를 배우고
너를 배우고
삶을 배우며
철학을 만들어 가는 것

오늘 슬펐다면
내일은 기쁘니
소망이 있기에
오늘을 즐깁니다.

각본 없는 배우

인간사 무대 위의 배우다
각본에 짜여진
배우가 아니라

스스로 언제든지
변화할 수 있는 배우
내가 기쁘게 연출하면
기쁜 삶이 되고
슬프게 연출하면
슬픈 삶이 되니

현재의 향락이나
쾌락에 빠진 배우라면
반드시 슬픔의 날을
맞을 것이다

조금 힘들지라도
미래를 준비하는 배우라면
반드시 아름다운 황혼의 날을
맞을 것이다.

기억되는 사람

가슴으로 나누는
가슴으로 기억되는 사람
그이들과 만남은
분명
행운이어라

가장 큰 선물이다

이 가슴 속에
기억되는 그이들
가슴을 따뜻하게
짚어 준다

내 이 가슴
활짝 열어 다가가고 싶다.

예수님의 피를 먹는다

의욕적 열정과 좋은 환경
좋은 사람들이 있으면
일에 대한 열정과
기쁜 사람들과 함께
소망을 가지고 생활한다

얼마 전 좀처럼 꾸지 않는
특이한 꿈을 꾸었다
꿈에 예수님의 왼쪽 손바닥에
사각 못을 박으니 붉은 피가
얼마나 쏟아 흐르는지
두 손으로 그 피를 받아먹는
신기한 꿈을 꾸었다

아직 종교를 못 가져 본 내가
왜 예수의 꿈을 꾸게 되었는지
성경의 말씀대로 나는 없어도
남이 있는 것만으로도 행복하고
남이 행복하면 더불어 행복해지고
사랑하는 마음으로 모든 것을

너그럽게 바라볼 수 있는 여유로움
오늘의 시작이 주님을 믿으라는
예시인지.

시신 기증

나만의 삶이 아니다
나와 이웃과 우리의 삶
시간들을 소중히 여기며
꽃이 피고 열매 맺는
그 순간까지
내 부족한 욕심 버리고
나의 교만이 한 줌 없는
내가 되고 싶다

내가 남길 수 있는 건
내 몸 한 덩어리 이것뿐
15년 전 이대해부학회에
시신 기증을 하였으니
다소 마음의 위로가 된다

뼈 한 조각 찾지 않는
식물인간과 같을 경우
바로 해부할 수 있는 기증
가족들의 승인 하에
기증을 마치고 난 이후

어차피 썩을 몸
의학 발전을 위한 기증
보람이다

죽음은 끝이 아니다
의학 발전의 시작이다
내게 주어진 기회
얼마나 다행스러운가
마냥 행복하다.

흐르니 아름다워라

흘러가는 것처럼
아름다운 것이
어디 있을까

구름이 그렇고
냇물이 그렇고
세월이 그렇고
우리 마음 또한 그렇다

흘러야 할 것이
흐르지 않는다면
썩음이요 죽음밖에
무엇이 있겠는가

세월이든
감성이든
고여 있으면
탁해지는 것

베풀고

나누고
흐르면
나와 남이 풍성해지니

결코 쉽지는 않지만
이것 또한 훈련이다
그 훈련을 통해
가장 많이 자라는 건
자기 자신이다.

넘어지면 또 일어서자

두려움은 우리의 머리로
만들어 낸 창작물
해 보지도 않고 미리
지레 겁을 먹을 경우
두려운 상황들이 가득하다
상상만 하다가 결국
공상으로 끝내는 일들

넘어지면 또 일어서고
일어서며 배운 걸음마처럼
나의 아픔도 참고 또 참으며
이제 세월이 흐르고 흘러
덤으로 사는 내 삶
하루하루가 행복하다

즐겁게 사는 법과
사랑하며 사는 법을
배우고 또 배우며
끝도 없으며 포기도 없는
즐기는 이 시간들을 위해
다시 일어서고자 한다.

손을 내밀어

마음이 차가우면
몸도 차가워지고
마음이 따뜻해지면
온몸에 열기가 돋는다

머리로 다가가기보다
가슴을 담은 말 한 마디

좋은 생각을 담은 말
평화와 사랑의 메아리
나쁜 마음이 담은 말은
독이 되어 상처가 된다

긍정적이고
온유한 마음으로
손을 내밀어 주자
따뜻함과 편안함이 전해지게.

포근한 안식처

함양상림의 포근한
공기에 기대서서
다정한 나무들을 껴안고
잠시 휴식을 취해 본다

형체 없는 공기를 의지하며
튼튼히 버티고 있는
편안한 안식을 주는 상림
편히 기댈 수 있는 쉼터

영혼까지 맑게 해 주니
얼마나 감사한가
움직이지 못하는 나무들도
우리에게 안식을 내민다

말할 수 있고 품을 수 있고
쓰다듬을 수 있는 우리도
사랑하고 친구가 되어 주고
기댈 수 있는 언덕이 되어

따듯한 마음을 나누는
존재로 형성되어지기를
기대해 본다.

감사한 고통

삶의 고통은
행복의 첫째 조건
예쁜 아기를 얻기 위한
열 달의 고통이나

땀 흘린 뒤의
시원한 바람의 상쾌함
수고와 땀의 진실을
스스로 깨닫기 위한 과정들

오늘도 값진 땀으로
기쁨을 맛보고 싶다
의미 있는 고통들이
이렇게 늘 감사하다

고통 뒤의 행복이
찾아온다는 믿음이 있기에
함께해 주는 사람이 있기에
계속 걷고 싶다.

구겨진 몸

오늘도 끊임없이
몸은 나에게 애길 한다
내 몸이 몹시 지쳐 있다고
나는 "괜찮아"
그냥 지나친다

몸은 충성을 다해 견딘다
힘들어도
주인을 배신하지 않으려 애쓰지만
어느 새
조금씩 조금 씩 무너져내린다

그게 바로 이 조각난 몸들
몸과의 대화가 필요하다
가족 모두의 건강을
위해서

이 밤도 푹 쉬고
내일 힘찬 출발을 위해서.

하얀 백사장에 하트

눈물
가끔 눈물이 솟는다
그리움에 가슴이 미어지고
가끔 뜨거운
눈물이 흐른다

옛 추억에 어린
내 친구들이 그리워서
송송
송알송알
솟구치는 눈물방울을
주체할 수 없을 땐 눈을 감는다
지긋이
지긋이
아주 지긋이

진정한 내면의 나를
진정한 내면의 너를 그린다
진정한 나는 어디로 가고 있고
진정한 너는 어디로 가고 있는지

일그러진 동그라미
곱게 곱게 마음 젖은 손으로

바닷바람에 마음 던지며
하얀 백사장에 하트가 하나
사랑이란 이름으로
곱게 부드럽게
굵은 선으로 그려 본다.

넉넉한 나들이

이른 아침
금빛 나락들
호수에 피어오르는
아침 물안개
몇 마리씩 날아오르는 오리

조금 먼 산엔
단풍이 묻어 오고
길가엔
코스모스가 하늘거리고
담장 너머 낮은 산엔
상수리 떨어지는 소리

오늘 나들이가
이렇게 넉넉하다
내가 자연이고
자연이 나인 것처럼
느껴질 때 문득
가을이 좋다.

꿈을 품은 자에게 행운이

함께 걸어갈 수 있는
동반자를 만나는 것은
이미
성공의 대열에
가까이 도달한
복 있는 사람이다

내가 먼저
필요한 동반자가 될 수 있도록
준비하며 살아야겠지요

함께 여행 중에
마음과 뜻이 통하는
꼭 필요한 동반자를
만나기를 바라며
꿈을 품은 자에게
행운이 가득하기를.

새로운 도전

편하다는 이유로
익숙함에 길들여져
살았던 시간들

새로운 경험과
새로운 길을
가 보는 것도
신선한 충격인 듯

호기심으로 가는 길
설렘과 함께
또다른 행복감을
맛보는 길

항상 새로운 도전이
삶의 활력소가 되어라.

도전의 이유

살아 있기에
도전하고
도전하기에
삶이 아름답고
지금의 내가
존재한다

도전 없이
하루하루
흐르는 물처럼
바람결 따라
살아간다면
손발 묶인 채
끌려가는 노예의
삶과 다를 바 없다

오늘이 있기에 도전하고
내일이 있기에 도전한다
삶의 비타민이 도전이요
삶의 여유가 도전이니까.

아름다운 우정

반갑습니다
고맙습니다
내가 외로웠다면
우리라 할 수 없지요

내가 외로운 것은
나라고 했기에
우리라 생각하니
외로움이 가십니다

70년의 우정
어제들의 우정
오늘의 우정
내일의 우정

영원한 친구 사이
외로움이 없으리
영원한 우정 사이
그리움만 남으리.

지고 가야 할 길

지고 가야 될 인생길
어떤 사람은 웃으면서
어떤 사람은 울면서
기쁨으로 가기도 하고
힘겹게 가기도 한다

한 가지 분명한 것은
똑같은 조건의 길이지만
완전을 추구하며
기쁨으로 가는 사람과
힘겨움을 이기지 못하며
별다른 목표도 없이
끌려가는 사람들

얼마간의 시간이 지난 뒤
하늘과 땅만큼
벌어져 있음을 느낀다.

예술성

상상을 현실이 되게 하는 능력
그것을 모든 이들에게
읽힐 수 있게 표현하는 능력

예술적 지성이 가능하게 하는
세계가 아니겠는가

어떠한 형태로든 자신의 느낌을
전달시키고 감흥을 이끌어 내는 것

좋은 사람, 좋은 느낌, 좋은 경험
그것들과 내 안의 어우러짐이
만들어 내는 작품이 아닐는지.

친절이 주는 감동

친절과 친밀함
쇠도 녹일 수 있는 마력
우리는 선조로부터 받은
따뜻하고 감동적인 친밀함
교육으로부터 배운 친절이
한몫을 하는 시대

요즘 쇼핑센터에 가 보면
어떻게 친절한지
깜짝 놀랄 정도인 것 같다
이것이
교육과 경제의 산물이 낳은 선물
이대로 계속 발전한다면
우린 세계로 올바르게
뻗어나갈 것이다

신속 정확한 친밀함이
앞으로 더욱더 발전하여
세계 제일의 나라로 나아가길.

향기가 넘치는 아름다운 사람

인정 많고 따스하고
예의바르며 반듯한 사람
아무런 시선이 닿지 않아도
늘 도덕적, 양심적으로
행동하는 사람

선하고 너그러운 마음으로
배려는 항상 몸에 배어 있고
남의 좋은 점을 칭찬해 주며
용기를 북돋아 줄 수 있는 사람

남을 밟고 일어서려 하지 않고
남의 손도 따뜻이 잡아 이끌어
함께 나아가려는 사람

자신을 낮출 줄 알고 자랑도
교만도 하지 않는 겸손한 사람
나의 아픔보다는 남의 아픔에
더 마음 아파하고 함께 울어
줄 수 있는 사람

베푸는 것에 행복을 느끼며
낮은 곳에도 손을 내밀 줄 알며
그곳 사람들도 귀히 여기며
남이 힘들 때 기댈 어깨를
내어 줄 수 있는 사람

함께하고 싶은 좋은 사람이며
훌륭한 인품과 향기가 넘치는
아름다운 사람입니다.

두려움을 이기는 삶

어떤 환경에 따라
두려움이 찾아오게 마련
가야 할 길과
해야 할 일이 두렵다

이러지도 못하고
저러지도 못하고

검은 먹구름 속에서
길까지 잃을 때가

용기를 가진 사람은
이럴 때일수록
두려움을 이기고
앞으로 나아가는 사람이다

어차피 우리 인생은
예측할 수 없는 길
내일의 개척자다
다음 세대를 이끌어 갈
주역이지 않는가.

고향

느낌이 너무 포근하다
고향!
두 글자만 보아도
뭉클한 가슴 눈물을 흘린다

언제나 품어 줄 수 있는
겨울에 목화솜 이불 같은
따스한 친구들의 가슴
참깨속 듬뿍 넣은 송편 먹는 느낌
가을 하늘 고추잠자리
높이 날고 있을 고향 하늘

고향의 하늘이 기다림이라면
타향의 하늘은 그리움인가 보다
멀리 떨어져 있으면서도
마음의 그림자처럼 문득 문득
그리운 우리 친구 그대들이여!
언제나 건강하고 행복하소서.

늘 행복한 사람

항상 웃는 모습
만나면 편안함을 주는 사람
함께 있기만 해도
마음이 즐거워지는 사람
무엇이든지 주고 싶은 사람
늘 긍정적인 사고를 갖춘 사람
삶의 모습이 바로 창조적인
아이디어가 베어 나오는 사람
꿈과 희망을 한 아름 안겨 주는 사람
행복해지는 방법을 아는 사람
서로 아껴 주며 행복을 아는 사람
행복함을 느끼는 공간이 있어
이렇게 즐겁다.

다시 눈을 뜨게 한 친구

고마움 마음 깊은 배려
잊지 못할 친구들의 도움
어찌 잊을 수 있겠는가
어려울 때
나에게 주는 조언
건강을 되찾게 해 준
따듯한 우정의 배려

오랫동안 의식을 잃은 나
병원의 주치의 말씀
이제 하루를 못 넘길 것 같으니
집안이나 친구들에게
마지막 연락이라도
문병을 온 친구(김종삼)
"이제 이삼일을 못 넘기겠다"
죽음 속에 이 소리를 들으니
"난 죽지 않겠다는" 다짐으로
이틀 후 의식을 찾은 나
오늘을 있게 한 고마운 친구들이여
영원히 잊지 못할 은인이 되었으니.

꽃은 웃는다

깨어진 꽃병에
꽃의 마음들이
나를 보고 웃는다

애착을 가져
바라보노라면
헛된 집착도
어느 새
던져 버린다

그가 버려짐은
새로운 또 하나의
탄생의 자람이다

어디에서든
미소 지으며
꽃은 웃는다.

삶의 쉼표

앞만 보고
달리다 보면
중요한 것을 못 보고
지나치는 경우가 있다

이미 지나간 것
후회는 늦다

그 전에 잠시
멈추는 것
그리고
내 자신을
뒤돌아보는 것

몸이 적신호를 보내기 전에
쉬었다 가는 것
이 또한 중요한 것임을
명심하련다.

삶의 보람을 위하여

자신의 뜻을
이루기 위해서는
그만한 대가를
지불해야 하는 것

자신의 혼과
열정과 땀을 담은 노력
때론 가다가 넘어지면
주위의 손가락질
자신의 뜻을 이루기 위해
포기하지 않는 집념

비록 작은 것이라도
소홀히 하지 않는 습관
자신의 모든 관리를
누가 책임져야겠는가
입을 꽉 깨물어 본다.

내 인생의 절정

지금이 내 인생의 절정이다
무너지고 부서지고 허물어진
기나긴 어두운 터널을 지나고
빛나는 태양이 날 기다리듯

아
바로 이 시간에 내 인생의
절정 순간이 또 지나는구나
삶은 고통과 행복이 동시에
존재함을 이제야 알게 되니

어두운 고통이 있었기에
행복을 맞이하겠지만
아픔에 어둠에 허덕인 터널 속
함께 웃어 준 사람은 잊었으나
같이 울며 고통을 같이한 사람
영원히 이렇게 잊을 수 없구려.

| 해설 |

'나'에 대한 일상의 사랑과 열정

| 해설 |

'나' 에 대한 일상의 사랑과 열정

조병무
(문학평론가)

1

강영석 시인은 제1시집 『초원의 별이 되어』와 제2시집 『가슴 깊은 샘』에 이어 제3시집 『새 아침이 오기에』에 이르기까지 삶의 열정과 사랑과 행복에 대한 강렬한 집념으로 한 편의 시 쓰기에 마음을 다듬고 있다. 시인이 다루고 있는 삶의 긍정적 사고는 변함없이 시인의 정신적 모체가 되고 있다.

필자는 시인의 제1시집 『초원의 별이 되어』에서 '집요하게 삶의 의지와 집념을 열정과 사랑과 긍정적인 정신의 화두를 명징하게 역설했다는 것은 삶은 일생의 철학이며 시인의 정신적인 성숙한 일면' 이라고 정리했으며, 제2시집 『가슴 깊은 샘』에서 "삶이라는 힘든 일상을 조명하고, 사랑의 신뢰와 믿음에서 '나'가 존재하는 현실을 직시하고 있다." 라는 결론을 얻은 바 있다.

이러한 결론은 시인의 제3시집 『새 아침이 오기에』도 그대로 적용되는 결론으로, 어쩌면 강영석 시인의 시작품에 대한 영원한

신념이며 자신을 되돌아보는 일상의 생활철학으로 볼 수 있다.

시인의 생활철학은 어떤 거대한 문예사조의 영역을 넘어 자신의 일상 속에서 스스로 찾고 스스로 새로운 담론으로 구성하는 시인 자신의 철학적 인식의 담론이다. 이번 시집에서 몇 가지 그 특징을 살펴보면 ①긍정적인 삶의 만족, 세상을 되돌아봄, 자신에 대한 강한 애정으로 '나'의 일상을 조명해 보고 있으며, ②삶에서 찾는 '미래'에 대한 행복과 행운의 모습을 찾아나서고 있으며, ③특히 시인은 삶에서 부부라는 인연의 연분에서 사랑의 모습을 진정한 자신 속에서 찾고 있다. ④오늘의 현실보다 생명의 영원성을 위한 새로운 도전에서 현재의 자신을 돌아보는 강한 집착이 무엇인가를 보여 준다.

강영석 시인의 작품에서 생활이라는 삶의 미학, 삶의 철학, 삶과 사랑, 행복의 영원성에 대한 화답을 시집에서 쉽고 간결하게 전해 주고 있다. 시인이 찾는 '나'라는 개체는 삶의 우주 속에 공존해 있는 영원한 시세계와 그 언어에서 열정의 공감을 찾아가고 있다.

2

시인은 '책머리'에서 자신의 시세계를 '나의 즐거움은 내 자신이 스스로 즐거움으로 느끼게 관리하는 생활습관이다. 모든 일을 긍정적인 사고로 수용하며 공감하며 배려하는 사랑하는 마음 자세로 일하는 즐거움으로 생활하는 태도다. 내 자신을 즐기는 유일한 방법은 자기를 어떻게 관리하느냐다.' '더불어 지혜와 지식을 실천하는 실행주의자가 오늘의 나를 관리하는 일부며, 더 소중한 것은 겸손함이다. 사실은 나보다 못한 사람이 아무도 없다. 우리는 혼자 사는 것이 아님을 더불어 사는 것을 잊어서는 안 됨을, 아내가 있으니, 자식이 있으니, 친구가 있으니, 고객이 있으니 내가 존재한다는 사실이다. 소중한 진리를 잊지 않고 베푸는 자세를 습관화하는 유일한 자세가 삶을 즐기는 것이라는 생각을 이 책을 통하여 전달하고자 한다.'라는 함축적인 표현으로 자신의 작품에 대한 세계를 제시하고 있다.

무엇보다도 시인은 자신이라는 존재에 대한 인식이 강하다. 자신에 대한 열정과 진실에서 무엇이 '나'이며, '나'의 현재가 어디인가를 자문하기도 하고 되돌아보기도 한다. 그래서 시인은 '나'라는 개체에 대하여 긍정의 화답을 찾으려 한다.

자신을 비우지 못할 때
나의 교만으로 인해
우울해진다는 것을 안다
자신을 낮추고
모든 이에게
사랑으로 다가가련다.

—「마음 가짐」 끝연

모두 떨치고
오늘도 행복한 일들로
긍정적으로 많이 웃어 본다.

—「밝은 미소가 필요한 나」 끝연

나를 사랑하고 다듬어

사랑 주고
사랑받는 내가 되고 싶다
자신을 용서할 줄 아는.

—「나의 욕심」 끝연

위의 몇 편의 작품의 끝연에서 보듯 시인의 시어는 일상적인 생활 속에서 자신과 밀접한 유대를 갖는 언어에 몰입하면서 특히 '사랑' '행복' '용서' 등 오늘날 인간에게 가장 가깝게 느껴야 할 긍정적인 시어를 많은 작품에서 볼 수 있다.

오늘날 사회적인 문제점이 사람과 사람과의 관계 형성이 무너지고 있다는 점이다. 양보의 미덕이나 배려의 미덕을 보이지 않는 인간관계에서, 상대를 증오하고 미워하는 인간 형성 속에서, 시인의 작품에서 사랑과 용서와 행복을 찾는 '나' 자신이기를 보여 주고 있다.

또한 강영석 시인은 시의 언어를 통해 자신을 치유하고 자신을 되돌아보려는 '자기관리'의 방법을 체득하고 있다. 시인은 오랫동안 여러 가지 병마에서 이겨 내려는 방법, 즉 '자기관리'의 기술을 스스로 '자기관리야말로 유일한 기술이다. 남달리 건강치 못한 내 자신을 하나하나 장기마저 검사하며 치료하며 예방을 배워 꾸준히 노력하는 방법으로 건강관리에 가진 노력을 다한다.'(책머리에서)라는 생활의 철칙을 스스로 다짐함을 볼 수 있다.

나는 나지만
나는 내가 아니다
이미 나는

나의 주인이 있다

내 자신을 받아들이고
나한테 진실해지고
나 자신을 사랑하는 것은
먼저
자신의 실수와 허물을
인정하고 고치려 하는

자신에 대한
깊은 성찰과 반성
그리고
실천을 조용히 다짐한다.

—「나한테 진실하고 싶다」 전문

강영석 시인은 자신에게 질문을 던진다. 그러면서 그 해답을 얻는다. 「나한테 진실하고 싶다」라는 화답은 이 작품에서 잘 보여 주고 있다. 그것은 바로 '내 자신을 받아들이고/ 나한테 진실해지고/ 나 자신을 사랑하는 것은/ 먼저/ 자신의 실수와 허물을/ 인정하고 고치려 하는' 자세의 중요함을 인지한다. 이러한 생활태도 그 자체가 시인의 실천의지임을 증명하고 있음을 많은 작품에서 보여 준다.

3

강영석 시인의 시집에 나타나는 또 하나의 시어가 있다. '희망' 이라는 미래에 대한 강한 욕망이며, '사랑' 이라는 진실이다.

현대시에서 이러한 강한 집념은 많은 시인들이 찾아 나선 바 있다. 그러나 모든 시 작품에서 이러한 강한 주제의식을 주축으로 한다는 것은 어려운 일이다. 시인 강영석은 이러한 기본적인 주제 아래 자신을 가두어 두려 한다. 그의 희망은 '나' 에 대한 희망이며, '나' 에 대한 사랑으로 스스로 그러한 기본틀 속으로 자신을 가두어 둔다. 그뿐인가, 그러한 틀 속을 넘나들며 자신의 위상을 함축하고 영감의 언어로 많은 작품의 기본 주제를 남겨 주고 있다.

어떤 생명도
고립되어 있지 않다
고독이 생명체의
본질이듯이
원천적으로
다른 생명과 이어져 있는 것

이것 또한
생명 있는
모든 존재의 본질이다
사랑도
생명과 생명을 이어 주는
보이지 않는 빛이어라

썩지 않는 연줄이니

진정 아끼고
귀하게 여겨
사랑으로 품어라.

—「생명을 이어 주는 빛」 전문

생명의 영원성에 대한 인식은 시인이 자신에게 던지는 또 하나의 화두이다. 시인은 생명 자체도 상호 연결고리를 유지하면서 존재의 본질을 찾아 사랑으로 풀어 가길 기원한다. '어떤 생명도 / 고립되어 있지 않다'고 다짐하면서, '다른 생명과 이어져 있는 것'이라는 것을 정의하면서 '모든 존재의 본질'임을 제시한다. 그리고 '생명과 생명을 이어 주는/ 보이지 않는 빛'임을 '진정 아끼고/ 귀하게 여겨/ 사랑으로 품어라.'고 주장한다.

시인의 긍정적인 사고의 일면을 뚜렷하게 보여 줌으로 모든 생명력을 지닌 물상들에 대한 빛과 사랑이라는 개념을 어떻게 보아야 할 것인가를 삭막한 오늘이라는 사회에 던져 주는 시인의 목소리라고 할 것이다.

나의 삶
가장 소중한 건
내 자신을 아낌없이
사랑하는 마음이길

자신을 사랑하지 않는 이가
남을 어찌 사랑할 수 있으랴
낭떠러지 끝에 매달려도

자신을 진정 사랑한다면
스스로 버려지지 않는 법

마지막 순간까지
후회하지 않는 삶

하루 하루
시간 시간 귀한 보석처럼
나의 모든 것을 사랑하렵니다.

—「사랑하련다」 전문

강영석 시인의 사랑은 모든 이에게 다가가는 사랑의 진면목을 아낌없이 주는 사랑으로 자신을 유도한다. 특히 시인은 남들이 하기 어려운 아내에 대한 사랑의 솔직함을 많은 작품에서 보여 준다. 위에 인용한 작품 「사랑하련다」에서 자신에 대한 사랑의 다짐이면서 모든 것에 대한 사랑의 진실을 보여 준다. 시인의 사랑의 진술은 솔직한 자신의 정감이며, 진정으로 다가가는 정성으로 사랑의 의미를 정의하고 있다.

시인의 작품에서 '청죽(靑竹)아!// 너는 너만의 빛깔을 가진/ 완전한 존재란다/ 사랑한다' (「나를 사랑하련다」), '너그러운/ 아내이기에/ 앞으로/ 더욱더 신뢰하면서/ 사랑을 베풀련다.(「내 탓인 걸」), '가슴에 담아 놓은/ 사랑은 더욱 값진/ 사랑이다(「값진 사랑」), '가을 하늘 만큼이나/ 나를 사랑해 주는/ 이가 있어/ 행복합니다' (「나의 벗이자 짝꿍」), '난에서 풍기는 향처럼/ 당신에게서/ 아름다운 향기가 나네요.' (「당신에게서 향기가」)와 같이 '나'와 아내에 대한 사랑을 진솔한 정감으로 보여 준다.

어떤 이는 시인의 작품에서 진실한 언어의 정감이 무엇인가를 읽고 갈 것이고, 어떤 이는 시인의 언어에서 담론의 여유로움에서 은은한 향기를 품고 갈 것이다.

4

이상에서 강영석 시인의 시작 태도와 작품에서 나타나는 진솔하고 솔직한 언어의 감수성을 느끼게 될 것이다. 오늘날 어려운 시어의 남용 속에서 이를 탈피하고 자신의 일상의 언어의 미학을 찾아 오늘의 '나'를 보여 주는 시적 감흥이 새로우면서 읽는 이의 감성을 새롭고 쉽게 다가갈 것이다.

강영석 시인의 시적 기술의 장점이 일상 속의 언어의 철학과 미학에 접근하면서 오늘이라는 사회적 통념에서 벗어나 '나'라는 인식의 전체를 어떻게 관리하느냐라는 의문에 정답을 보여 주고 있다고 할 것이다. 강영석 시인의 정감 어린 많은 시적 구도가 오늘이라는 사회에 새로운 사랑과 행복과 도전이 함께하길 기대해 본다.

강영석 시집_ 새 아침이 오기에

초판 인쇄 | 2013년 11월 25일
초판 발행 | 2013년 11월 30일

—

지 은 이 | 강영석
발 행 인 | 정종명
편집국장 | 차윤옥

—

펴낸곳 | 月刊文學출판부
주소 | 서울시 양천구 목동서로 225 대한민국예술인센터 1017호
전화 | 02-744-8046~7
팩스 | 02-743-5174
이메일 | klwa95@hanmail.net
등록 | 2011년 3월 11일 제2011-000081호
ISBN 978-89-6138-231-1 03810

—

값 8,000원

—